24 × BASTELN

24 × BASTELN

WEIHNACHTLICHE PROJEKTE FÜR KINDER

EMF

EIN BUCH DER
EDITION MICHAEL FISCHER

INHALT

Vorwort 6

Dein Material 8

Dein Werkzeug 10

1. Adventskranz aus Pappbechern 12
2. Anhänger aus Papierstrohhalmen 16
3. Nikolausstiefel ganz ohne Nähen 20
4. Rentier aus Eierkartons 24
5. Polaroid-Wunschzettel 28
6. Minikrippe zum Aufhängen 32
7. Minipfannkuchen mit Zimt 36
8. Holzperlengirlande mit Tafelfolie 40
9. Gefalteter Goldstern 44
10. Pompon-Schneemann 48
11. Weihnachtsstern aus Butterbrottüten 52
12. Plätzchen am Stiel 56
13. Holzspießstern mit Klebeband 60
14. Konfetti-Weihnachtskarte 64
15. Geschenkverpackung aus Farbkarten 68
16. Winterwelt im Schuhkarton 72
17. Bunte Baumanhänger aus Modelliermasse 76
18. Schokosterne im Glas 80
19. Rubbel-Gutscheine in der Kugel 84
20. Anhänger aus Klopapierrollen 88
21. Weihnachtskarten mit Bügelperlen 92
22. Wichtel aus Beton 96
23. Weihnachtsbaum aus Klebeband 100
24. Besprenkelter 3D-Stern 104

Vorlagen 108

Über die Autorin 110

Danke 110

5.

BAUSTEINE
STOFFHASE
BUCH
WASSERFARBEN

6.

12.

FÜR DICH
Ho Ho Ho
X-MAS

15.

FÜR DICH
FROHE WEIHNACHTEN

18.

22.

VORWORT

Wie schön, dass du Lust hast, etwas Hübsches für Weihachten zu basteln! In diesem Buch findest du 24 tolle Anleitungen, die du zum Teil alleine oder zusammen mit deinen Eltern umsetzen kannst. Du kannst das Buch auch als Adventskalender benutzen und so jeden Tag im Dezember eine Kleinigkeit basteln. Die meisten Projekte dauern nur etwa eine halbe Stunde, manche gehen sogar noch schneller!

Ich heiße übrigens Steffi, bin Mama von zwei wundervollen Jungs und habe mir diese Projekte für dich ausgedacht und Schritt für Schritt mit Fotos erklärt. Das war übrigens sehr lustig, weil so ein Weihnachtsbuch schon im Frühjahr entsteht. Bei uns zu Hause sah es also von März bis Mai ganz schön schräg aus! Kunstschnee lag am Boden, Tannenbäumchen standen herum und Pinguine und Eisbären gingen in der Küche spazieren.

Doch jetzt höre ich endlich auf zu erzählen und wir basteln zusammen, einverstanden?

Deine Steffi

DUCK

DEIN MATERIAL

Ich habe bei den Materialien darauf geachtet, dass du das meiste zu Hause hast oder es schnell besorgen kannst. Hier stelle ich dir die wichtigsten vor. Weitere Materialien findest du direkt bei den Anleitungen.

BÄCKERGARN

Bäckergarn besteht aus zwei unterschiedlich gefärbten Fäden, die ineinandergedreht sind. Nur vier Anleitungen kommen übrigens ohne aus. Weißt du welche?

BÜGELPERLEN

Diese kleinen Röhrchen werden auf spezielle Bügelperlensteckplatten gesetzt. Beim Bügeln schmilzt der Kunststoff und verbindet sich mit den Nachbarperlen, sodass eine zusammenhängende Figur entsteht. Lege immer ein Backpapier dazwischen, damit das Plastik nicht am Bügeleisen kleben bleibt.

BASTELKARTON

Er darf nicht zu dick sein, sodass man ihn leicht durchschneiden kann.

KLEBEBAND

Ich verwende in diesem Buch zwei Arten von Klebeband: Das breite und sehr feste Duct Tape, das sehr gut hält, aber schlecht wieder ablösbar ist. Washi Tape hingegen besteht aus Papier und lässt sich ganz einfach entfernen.

WOLLE

Wolle hat deine Mama bestimmt noch irgendwo herumliegen. Meist wird damit etwas gehäkelt oder gestrickt. Wir machen aber etwas anderes damit!

FARBE

In diesem Buch arbeite ich mit Acrylfarben, du kannst aber auch Wasserfarben nehmen. Achte nur darauf, dass du möglichst viel Farbe und wenig Wasser benutzt, weil sonst alles sehr blass wird.

KLOPAPIERROLLEN

Klopapierrollen sollte man nie wegschmeißen, weil man damit so viele tolle Sachen basteln kann!

SCHASCHLIKSPIEß

Mit Schaschlikspießen kann man tolle Grillspieße machen. Oder Mikado spielen. Oder du bastelst wie ich einfach damit!

PAPPBECHER

Ich verwende rein weiße Becher, du kannst aber auch bunte nehmen.

PFEIFENPUTZER

Mit Pfeifenputzern kann man nicht nur Pfeifen putzen, sondern auch prima basteln. Außen sind sie besonders weich und innen verläuft ein Draht, sodass man sie gut biegen kann.

PAPIERSTROHHALME

Weil sie so hübsch aussehen, eignen sie sich wunderbar zum Basteln.

WATTE

verwende ich als Schnee.

FILZKUGELN

Du kannst stattdessen auch Minipompons oder Watteballchen nehmen.

WÄSCHEKLAMMER

Ich verwende Wäscheklammern aus Holz, weil man sie besser anmalen kann.

WEIßES PAPIER

Der Klassiker der Bastelmaterialien!

DEIN WERKZEUG

Hier sind die wichtigsten Werkzeuge für dich aufgelistet, die du wahrscheinlich schon zu Hause hast oder im Bastelladen findest.

KLEBER

Du siehst auf dem Foto rechts drei Arten von Kleber. Einen Klebestift, einen Kleberoller und einen Textilkleber, mit dem man Stoff kleben kann. In den Anleitungen steht immer dabei, welchen du benutzen sollst. Falls nicht, ist der Klebestift gemeint.

STIFTE

Du benötigst für die Projekte einen Bleistift, einen schwarzen Fineliner, einen schwarzen Filzstift und einen Goldstift.

STANZER

Ein Stanzer ist eine Art großer Locher, der ein bestimmtes Symbol ausschneidet. In diesem Buch wird ein großer und ein kleiner Stern sowie ein Nikolaus benutzt. Natürlich kannst du die Figuren auch einfach aufzeichnen und mit der Schere ausschneiden, mit dem Stanzer geht es nur schneller.

BÜGELPERLENSTECKPLATTE

Ohne diese Platte kannst du keine Figuren mit den Bügelperlen legen. Die Perlen würden so beim Bügeln einfach verrutschen. Es gibt verschiedene Formen. In den Anleitungen steht immer dabei, welche Art von Platte du nehmen sollst.

STEMPEL

Damit kann man jedes langweilige Papier aufhübschen. Wenn du keine Stempel zu Hause hast, kannst du sie auch ganz einfach selbst basteln. Auf Seite 46 erkläre ich dir, wie das funktioniert.

NADEL

Du brauchst eine große Nadel mit einem weiten Nadelöhr, da das ziemlich dicke Bäckergarn hindurchpassen muss und du mit der Nadel Karton durchstechen musst.

PINSEL

Verwende einen schmalen Pinsel, damit du auch kleinere Stellen gut anmalen kannst.

SCHERE

Ich verwende für die Projekte eine ganz normale Bastelschere.

MISCHPALETTE

zum Mischen von Farben.

KLEBER
permanent marker

drei
zwei
eins
vier

1.

ADVENTSKRANZ AUS PAPPBECHERN

„Adventskranz" ist für dieses Projekt eigentlich das falsche Wort, weil du keinen Kranz bastelst. Aber das Prinzip kennst du ja: Die letzten vier Sonntage vor Weihnachten wird immer eine neue Kerze angezündet, bis es insgesamt vier sind. Weil Feuer jedoch sehr gefährlich werden kann, gibt es hier die kinderfreundliche Variante aus Karton.

MATERIAL & WERKZEUG

Das brauchst du:

- 4 Bastelhölzer, 2 cm breit, 15 cm lang
- rote Bastel-, Stoff- oder Acrylfarben
- Pinsel
- goldener Bastelkarton
- Stanzer in Sternenform
- dünner Stift, schwarzer Filzstift
- Schere
- Kleber
- 4 weiße Pappbecher
- Bäckergarn

1 Zuerst malst du die Bastelhölzer von beiden Seiten mit der Farbe an. Lege unbedingt etwas unter und lass die Farbe gut trocknen, ehe du die Hölzer umdrehst. Je mehr Schichten du übereinandermalst, desto intensiver wird später das Rot.

2 Aus dem goldenen Bastelkarton stanzt du nun vier Sterne aus. Wenn du keinen Stanzer hast, zeichne die Sterne einfach auf und schneide sie anschließend aus. Sie sollten 4–5 cm breit sein. Mit einem dünnen Stift zeichnest du die Zahlen als Wörter vor, malst einige Linien etwas dicker und zeichnest dann alles mit dem schwarzen Filzstift nach.

3 Nun schneidest du vier kleine Flammen aus dem goldenen Karton aus, die unten genau so breit wie deine Hölzer sein sollen. Mit dem Filzstift malst du noch jeweils einen Docht in die Flammen. Klebe die Flammen oben an die Bastelhölzer.

SCHON GEWUSST?

Den Adventskranz gibt es bereits seit fast 200 Jahren. Der weltweit größte wird jedes Jahr in Mariazell in Österreich aufgehängt. Er hat einen Durchmesser von 12 Metern und ein Gewicht von über sechs Tonnen!

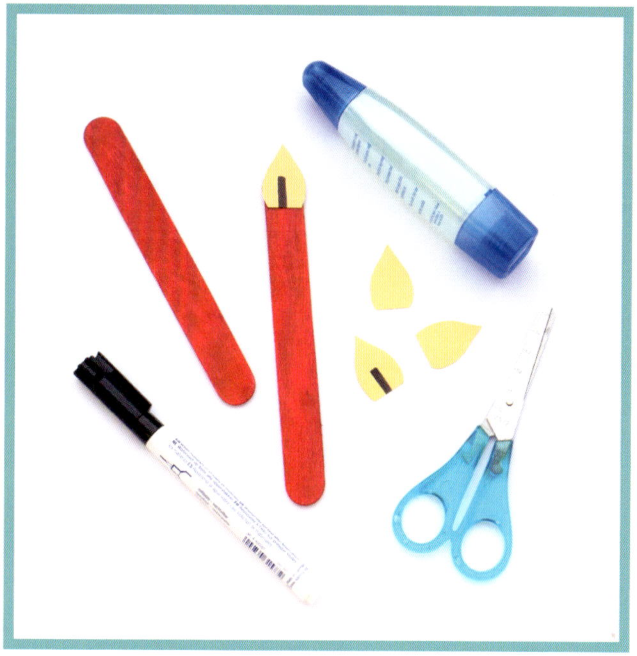

4 Drehe die Pappbecher um und mache mit der Schere einen Schlitz mittig in den Boden, sodass das Bastelholz genau durchpasst. Jetzt verschönerst du noch deine Pappbecher. Dazu wickelst du unten 3-mal Bäckergarn um den Becher und knotest es fest. Die Sterne werden mittig aufgeklebt. Lass es nun gut trocknen, am besten legst du den Becher dazu hin.

2.

ANHÄNGER AUS PAPIER-STROHHALMEN

Gestreifte Papierstrohhalme sehen toll aus, warum solltest du sie also nicht auch als Weihnachtsdeko nutzen? Ich erkläre dir schrittweise, wie man einen Stern bastelt, weitere Formen findest du mit einer Kurzbeschreibung am Ende der Anleitung. Und vielleicht hast du noch eine ganz andere kreative Idee für einen Weihnachtsbaumanhänger?

MATERIAL & WERKZEUG

Das brauchst du:

- 2 Papierstrohhalme
- Schere
- Bäckergarn
- dicke Nadel
- Kleber
- 9 Minipompons oder kleine Filzkugeln in verschiedenen Farben

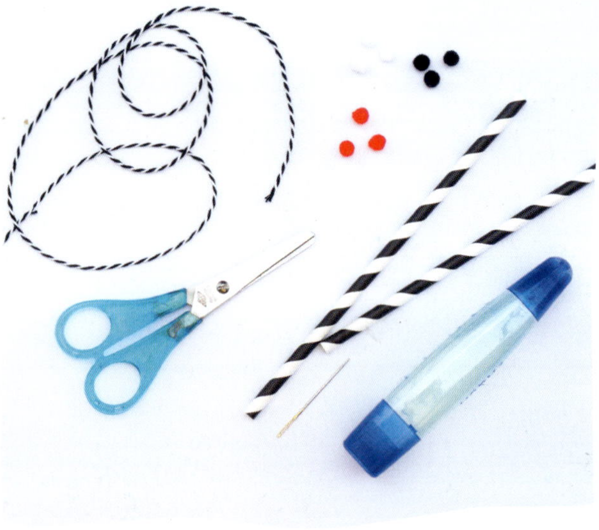

1 Schneide zunächst die beiden Papierstrohhalme in jeweils vier gleich große Teile, sodass du am Ende acht kleine Stücke hast. Wenn du ganz genau arbeiten möchtest, dann miss pro Stück immer 4,5 cm ab.

2 Durch ein Stück ziehst du mit der Nadel ein etwa 20 cm langes Bäckergarn und verknotest das Band. Das wird die Aufhängung.

3 Durch die andere Seite stichst du ebenfalls einen Faden, der dann nacheinander durch alle Stücke gezogen und am Ende verknotet wird. Ziehe die Teile mit dem Faden zusammen und schneide ihn ab. Auf die Rückseite gibst du zwischen die Halme ordentlich Kleber, um alle Teile gut miteinander zu verbinden. Lass es nun gut trocknen.

4 Zwischen die Strohhalme werden jetzt noch die kleinen Pompons oder Filzkügelchen geklebt. Wieder alles trocknen lassen, und fertig ist dein Stern!

5 Und so werden die anderen Anhänger gebastelt: Für die **Kugel** legst du einige Strohhalme direkt aneinander und zeichnest mit einer runden Vorlage und einem Bleistift einen Kreis darauf. Schneide alles aus, klebe die Teile aneinander und fädle oben ein Band hindurch. Zum Schluss kannst du unten noch ein Kügelchen festkleben. Das **Weihnachtsbäumchen** besteht aus zwei langen Strohhalmteilen, die den Stamm bilden und auf die du die mintfarbenen Stücke klebst. Diese werden nach oben hin immer kleiner. Durch die Spitze wird das Garn gezogen und die Kugeln werden als Dekoration aufgeklebt. Der **rote Stern** besteht aus vier gleich langen Teilen, die du mittig zusammenklebst. Zur Dekoration kannst du abschließend noch Kugeln ankleben, der Faden wird oben durchgezogen.

BEN

3.

NIKOLAUSSTIEFEL GANZ OHNE NÄHEN

Ganz ohne Nähen? Wie soll das denn gehen, denkst du dir vielleicht. Und natürlich ist der Stiefel stabiler, wenn deine Eltern dir mit der Nähmaschine helfen. Aber es geht auch wunderbar ohne, nämlich mit Textilkleber!

MATERIAL & WERKZEUG

Das brauchst du:

- weihnachtlicher Baumwollstoff, 2 Teile à 20 x 25 cm
- Stoffstift
- Stoffschere
- Textilkleber
- schwarze Wolle
- Teddystoff, etwa 25 x 10 cm
- dicke Nadel

1 Male mit dem Stoffstift auf die weniger schöne Seite des Baumwollstoffs einen Stiefel auf. Bei mir ist er oben 10 cm und unten 16,5 cm breit und hat eine Höhe von 23 cm. Schneide ihn 1 cm neben der Linie aus, hier wird später der Kleber aufgetragen. Hast du einen Stiefel ausgeschnitten, kannst du ihn als Vorlage für den zweiten nutzen. Dieser muss jedoch spiegelverkehrt zum ersten Stiefel sein.

2 Lege die beiden Stiefel so aufeinander, dass die schönen Seiten innen liegen, da der Stiefel nachher gewendet wird. Verteile den Textilkleber sauber auf dem unten liegenden Stiefelstück am Rand, sodass die vorgezeichnete Linie, die man durch den Stoff sieht, nicht überschritten wird. Oben kommt kein Kleber hin, sonst kann der Nikolaus ja nachher nichts hineinfüllen. Lass alles sehr gut trocknen.

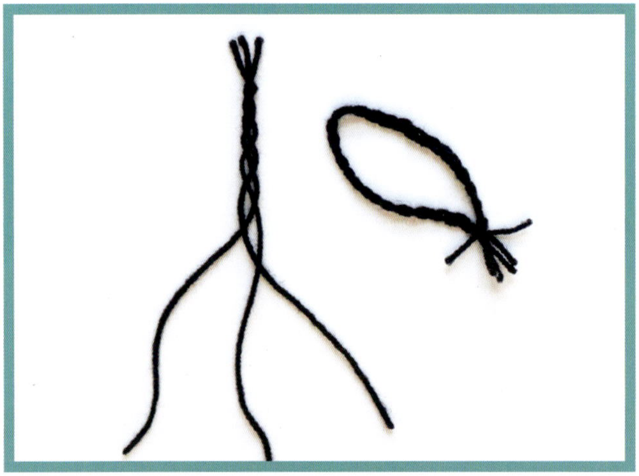

3 Für die Aufhängung nimmst du drei jeweils 40 cm lange Wollfäden und knotest sie oben zusammen. Entweder suchst du dir jemanden, der das Ende hält, oder du befestigst es mit einer Sicherheitsnadel vorsichtig an deiner Hose. Jetzt flichtst du einen Zopf, indem du die äußeren Schnüre immer abwechselnd in die Mitte legst. Das Ende verknotest du mit dem Anfang, sodass eine Schlaufe entsteht.

4 Aus dem Teddystoff schneidest du ein Rechteck in der Größe 22 x 7 cm aus. In die Mitte des Teddystoffs kannst du jetzt noch deinen Namen sticken. Mit der Wolle und einer dicken Nadel ist das ganz einfach. Wenn du dabei Schwierigkeiten hast, können dir entweder deine Eltern helfen oder du schneidest aus Stoff oder Filz Buchstaben aus, die du mit Textilkleber befestigst.

5 Dein Stiefel sollte nun getrocknet sein. Prüfe das vorsichtig oben am Rand. Dann kannst du den Stoff komplett durch das offene Loch umdrehen, sodass die schönen Seiten wieder außen sind. Oben in die Ecke klebst du deine Schlaufe. Das hält noch besser, wenn du sie mit ein paar Stichen festnähst oder -tackerst.

6 Nun muss der Teddystoff nur noch oben an den Stiefel geklebt werden. Hierzu brauchst du etwas mehr Kleber, weil der Stoff sonst nicht hält. Lass es anschließend gut trocknen. Jetzt musst du deinen tollen selbst gemachten Stiefel nur noch aufhängen und darauf warten, dass er befüllt wird!

4.

RENTIER AUS EIER-KARTONS

Normalerweise ziehen die Rentiere ja den Schlitten, aber unser Rudolph ist ein bisschen faul und lässt sich ziehen. Natürlich kannst du auch mehrere Tiere machen, vor den Schlitten spannen und den Weihnachtsmann sowie ein paar Päckchen transportieren. Deiner Fantasie sind keine Grenzen gesetzt!

MATERIAL & WERKZEUG

Das brauchst du:

- Eierkarton
- Schere
- weiße Acrylfarbe
- Pinsel
- Bäckergarn
- kleine Zweige
- Kleber
- rote Filzkugel
- schwarzer Filzstift
- 8 Eisstiele

1 Zunächst schneidest du aus dem Eierkarton einen „Hügel" aus, in dem normalerweise das Ei liegt, und malst ihn mit weißer Farbe an. Lass es nun gut trocknen.

2 Um die Stirn wickelst du zweimal das Bäckergarn und knotest es an der Seite zusammen. Die kleinen Zweige werden als Geweih hinten angeklebt, in die Mitte der Vorderseite klebst du die Filzkugel als Nase. Mit dem schwarzen Filzstift malst du noch zwei Augen auf.

3 Jetzt braucht unser Rentier noch seinen Schlitten. Dazu schneidest du die Eisstiele so zu: Zwei Stiele bleiben ganz, vier Stiele werden an beiden Enden so abgeschnitten, dass sie 8 cm lang sind, und zwei weitere Stiele werden jeweils zu zwei Stücken mit je 5 cm Länge zerschnitten. Schließe beim Zerschneiden die Augen oder hole dir jemanden zu Hilfe, der die andere Seite des Stiels festhält. So verhinderst du, dass dir dabei kleine Holzsplitter in die Augen fliegen. Am besten lässt du dir hierbei von einem Erwachsenen helfen.

4 Du legst die beiden ganzen Stücke im Abstand von etwa 4 cm nebeneinander und klebst ein 5 cm langes Teil senkrecht fast ans Ende und eines ungefähr in die Mitte, sodass die beiden langen Stäbchen miteinander verbunden sind. Nachdem alles getrocknet ist, klebst du die vier 8 cm langen Stücke auf die beiden angeklebten. Auch das lässt du wieder trocknen. Die beiden letzten Teile werden direkt über die unteren senkrechten Stücke geklebt. Nach einiger Zeit kannst du noch Bäckergarn um die Ecken knoten und vorne eine Schnur anbinden.

BAUSTEINE
STOFFHASE
BUCH
WASSERFARBEN

5.

POLAROID-WUNSCHZETTEL

Du schreibst doch sicher jedes Jahr kurz vor Weihnachten einen Wunschzettel, oder? In dieser Variante kannst du ihn als Dekoration aufhängen und die einzelnen Wünsche ganz leicht austauschen. Und eines Tages sind sie dann auf einmal verschwunden …

MATERIAL & WERKZEUG

Das brauchst du:

- dünner schwarzer, goldener und weißer Bastelkarton
- Lineal
- Bleistift
- Schere
- schwarzer Fineliner
- Goldstift
- Filzstifte
- kleine Holzwäscheklammern
- Pinsel
- schwarze und goldene Acrylfarbe
- Kleber
- Bäckergarn

1 Du bastelst so viele Polaroids, wie du Wünsche hast. Immer abwechselnd schneidest du ein Polaroid aus dem goldenen Karton und eines aus dem schwarzen aus. Die Maße sind außen 5,4 x 4,4 cm und innen 3,9 x 3,8 cm. Trage die Maße erst mit Lineal und Bleistift auf die Bastelkartons auf und schneide sie anschließend aus.

2 Die Polaroids beschriftest du nun mit deinen Wünschen. Am besten erst mit Bleistift vorschreiben und dann mit schwarzem Fineliner auf dem goldenen Karton und mit dem Goldstift auf dem schwarzen Karton nachmalen.

3 Aus dem weißen Karton schneidest du Rechtecke im Format 4,2 x 4,1 cm aus. Es müssen zum Schluss so viele Rechtecke wie Polaroids sein. Zuerst zeichnest du deinen Wunsch mit Bleistift auf, malst dann alles mit Filzstiften aus und umrandest die Zeichnung zum Schluss mit einem schwarzen Fineliner. Natürlich kannst du stattdessen auch Wünsche aus einem Katalog aufkleben.

4 Die Wäscheklammern werden nun mit schwarzer und goldener Farbe angemalt. Trocknen lassen. Klebe deine Wünsche jetzt noch in die Polaroidrahmen und hänge zum Schluss alles mit den Wäscheklammern an eine Leine aus Bäckergarn.

6.

MINIKRIPPE ZUM AUFHÄNGEN

Wir feiern Weihnachten, weil Jesus geboren wurde. Unsere Krippen erinnern daran. Wahrscheinlich kennst du sie eher groß und voller Heu. Doch heute bastelst du eine ganz kleine Krippe, die man sogar an den Weihnachtsbaum hängen kann.

MATERIAL & WERKZEUG

Das brauchst du:

- weißer, schwarzer und goldener Bastelkarton
- Lineal
- Bleistift
- Schere
- weißes Papier
- Kleber
- Pikser
- Bäckergarn

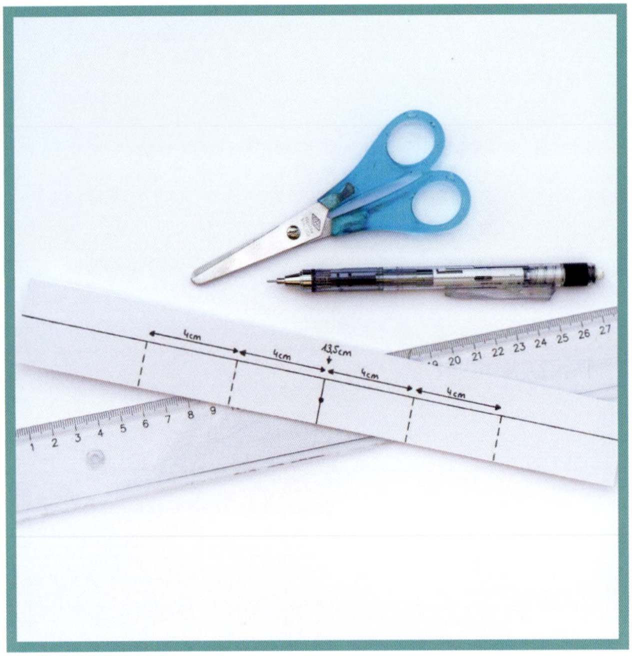

1 Schneide einen Streifen mit 27 x 2 cm aus dem weißen Karton aus. Am besten zeichnest du die Maße vor dem Ausschneiden mit Lineal und Bleistift auf. Dann knickst du den Streifen in der Mitte und zeichnest von dort aus zweimal 4 cm zu beiden Seiten ab. An diesen Strichen wird das Haus nun geknickt.

2 Male auf ein weißes Papier Maria, Josef und Jesus. Stattdessen kannst du auch die Vorlagen auf Seite 108 verwenden, die du abpausen kannst. Schneide die Zeichnungen dann aus und übertrage sie auf ein Stück schwarzen Karton. Achte dabei darauf, dass unten ein Streifen von 1 cm übrig bleibt, damit die Figuren damit später in das Haus geklebt werden können. Aus dem goldenen Karton schneidest du eine Sternschnuppe aus. Auch hierzu gibt es eine Vorlage auf Seite 108.

3 Klappe den weißen Karton jetzt so zusammen, dass sich die Enden überlappen und ein kleines Häuschen entsteht. An dieser Stelle schiebst du den schwarzen Karton hinein und klebst alles fest. Die Sternschnuppe wird mit Kleber befestigt.

4 Nun musst du oben im Dach der Krippe nur noch ein Loch mit dem Pikser stechen, das Bäckergarn durchziehen und am Ende des Garns einen Knoten machen.

X
A
M
S

7.

MINIPFANNKUCHEN MIT ZIMT

Wäre das nicht mal ein ganz besonderer Nachtisch für das Weihnachtsessen? Oder eine Geschenkidee für Oma? Die Pfannkuchen sind einfach gemacht und sehen mit dieser süßen Deko besonders hübsch aus!

MATERIAL & WERKZEUG

Das brauchst du:

- Teig für die Pfannkuchen (Fertigteig oder Rezept, siehe Schritt 1)
- Pfanne
- Apfel
- Plätzchenausstecher
- Zahnstocher
- Kiwi
- gelbe Rosinen
- Papier
- Washi Tape
- Nagelschere
- Tesafilm
- Puderzucker

1 Zuerst musst du die Pfannkuchen machen. Verrühre dafür 100 g Mehl, 2 Eier, 125 ml Vollmilch, 25 ml Mineralwasser, 1 Prise Salz und 1 TL Zimt gut mit der Küchenmaschine oder dem Handmixer. Mithilfe deiner Eltern fettest du anschließend eine Pfanne mit etwas Butter ein (nur einen halben Teelöffel pro Portion) und stellst die Herdplatte auf eine mittlere Temperatur. Mit einem Teelöffel nimmst du nun ein bisschen Teig und lässt ihn vorsichtig in die Pfanne gleiten. So machst du mehrere Häufchen. Nach etwa 1 Minute drehst du die Pfannkuchen um und nimmst sie heraus, wenn sie schön golden gebacken sind. Je nach Größe werden es bis zu 50 Stück.

2 Für die Dekoration schneidest du einen Apfel in Scheiben (rechts und links vom Kern) und stichst mit dem Plätzchenausstecher Sterne aus. Diese werden dann auf die Zahnstocher gesteckt. Natürlich kannst du auch andere Formen ausstechen. Aus der Kiwi werden Dreiecke ausgeschnitten und ebenfalls aufgespießt. Obendrauf steckst du zum Schluss noch eine Rosine.

3 Die Dekobuchstaben und Sterne kannst du selbst aufzeichnen oder du verwendest die Sternvorlage auf Seite 108. Wichtig ist hierbei, dass die Buchstaben spiegelverkehrt sind. Auf die Rückseite des Papiers klebst du etwas überlappend Washi-Tape-Streifen auf, sodass die ganze Schrift bedeckt ist.

TIPP

Mit etwas Zitrone eingerieben, werden die Äpfel nicht so schnell braun! In den Teig kannst du auch Apfelstücke einarbeiten. Alternativ kannst du Schokocreme oder Marmelade zwischen die Pfannkuchen streichen.

4 Die Buchstaben und Sterne werden nun mit der Nagelschere ausgeschnitten und mit Tesafilm an die Zahnstocher geklebt. Zuletzt stapelst du immer fünf bis sechs Pfannkuchen aufeinander, steckst die Zahnstocher hinein und gibst noch etwas Puderzucker obendrauf.

8.

HOLZPERLENGIRLANDE MIT TAFELFOLIE

Girlanden sind super, denn du kannst sie sowohl an Türen und Fenster wie an den Tannenbaum hängen. Man kann sie verschenken und dazu als Päckchendeko nutzen. Das Besondere an dieser Girlande ist, dass man sie individuell bemalen oder sogar beschriften kann, weil du Tafelfolie verwendest.

MATERIAL & WERKZEUG

Das brauchst du:

- Tafelfolie
- Pappe
- Bleistift
- Schere
- Kreidestift
- Bäckergarn
- Holzperlen, 4 Stück in Weiß (Ø 15 mm), 24 Stück in Natur (Ø 10 mm)
- Klebeband
- silberner Stern
- roter Bommel

FROHE
WEIHNACHTEN

1 Zuerst klebst du die Tafelfolie auf die Pappe und zeichnest mit einem Bleistift die Formen deiner Figuren auf die Rückseite. Ich habe die Umrisse von einem Pinguin, einem Weihnachtsbaum und einem Bären aufgemalt. An den Außenrändern schneidest du diese aus.

2 Auf deine ausgeschnittenen Figuren malst du jetzt mit dem Kreidestift Gesichter, Formen oder auch kleinen Nachrichten – ganz wie du magst. Wenn du dich vermalst, kannst du mit einem feuchten Tuch einfach darüberwischen.

3 Nimm jetzt ein etwa 1,5 m langes Stück Bäckergarn (lieber zu lang als zu kurz), mache einen Knoten nach 40 cm und beginne, die Holzperlen aufzufädeln: Drei naturfarbene Perlen, eine weiße Perle, drei naturfarbene Perlen. Dann machst du wieder einen Knoten, damit die Perlen nicht verrutschen. Als Nächstes klebst du die erste Figur mit Klebeband an das Garn. Das machst du jetzt immer abwechselnd, also 4-mal Perlen und insgesamt drei Figuren.

4 Zum Schluss klebst du noch einen Stern an die Tanne und einen Bommel an die Pinguinmütze. Oder du denkst dir etwas anderes Lustiges aus!

KLEBER

9.

GEFALTETER GOLDSTERN

Ist doch klar, in einem Weihnachtsbastelbuch darf ein gefalteter Stern nicht fehlen, oder? Diese Variante hier geht relativ schnell und einfach. Du kannst jedes beliebige Muster dafür verwenden oder weißes Papier einfach bestempeln und anmalen.

MATERIAL & WERKZEUG

Das brauchst du:

- 3 weiße Papiere, 10 x 10 cm
- goldene Farbe
- Pinsel
- Sternstempel
- Schere
- Kleber
- Bäckergarn

1 Wenn du dich für weißes Papier entschieden hast, kannst du dieses jetzt anmalen und bestempeln. Für einen Stern brauchst du zwei komplett in Gold bemalte Blätter und ein bestempeltes Blatt. Falls du keinen Sternenstempel zu Hause hast, kannst du aus Moosgummi auch einen kleinen Stern ausschneiden und auf ein Stück Holz oder Ähnliches kleben. Und schon hast du einen selbst gemachten Stempel! Alles gut trocknen lassen.

2 Das Blatt muss nun, wie auf dem Foto zu sehen, mit der schönen Seite nach außen gefaltet werden: Zweimal diagonal und jeweils in der Mitte. Nach jeder Faltung wird alles wieder aufgeklappt.

3 Nun schneidest du die geraden Linien bis zur Hälfte ein, sodass du vier Schnitte erhältst. Entlang dieser Linien faltest du anschließend jeweils zur Diagonalen hin. Dadurch erhältst du insgesamt vier Sternspitzen.

4 Das Gleiche machst du mit den beiden anderen Blättern auch. Alle drei Teile werden nun versetzt aufeinandergelegt und an den Berührungspunkten festgeklebt. Wenn alles gut getrocknet ist, machst du mit der Schere noch ein kleines Loch in eine Spitze und knotest ein Stück Bäckergarn fest.

10.

POMPON-SCHNEEMANN

Hast du schon mal einen Pompon selber gemacht? Es ist unglaublich, was man aus Pompons alles machen kann! Wie wäre es zum Beispiel mit diesen süßen Schneemännern zum Verschenken oder als lustige Dekoration? Es ist auch gar nicht schwer – probiere es doch einfach mal aus!

MATERIAL & WERKZEUG

Das brauchst du:

- dicke Pappe
- Lineal
- Bleistift
- Schere
- weiße Wolle
- 2 Pfeifenputzer in verschiedenen Farben
- 4 kleine schwarze Filzkugeln und 1 orangefarbene Filzkugel
- Kleber

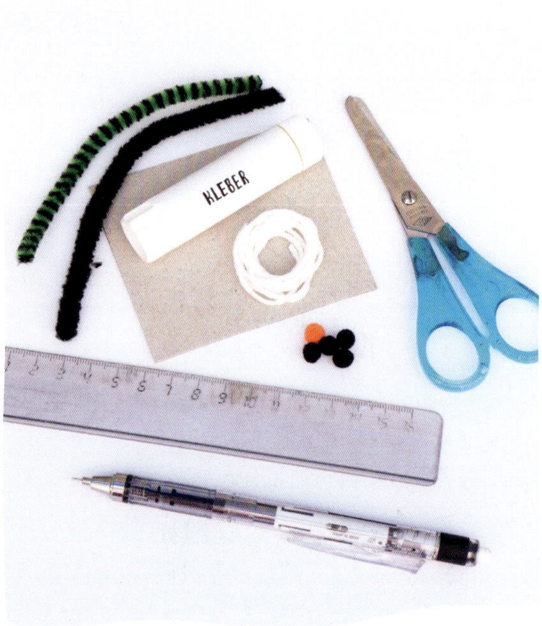

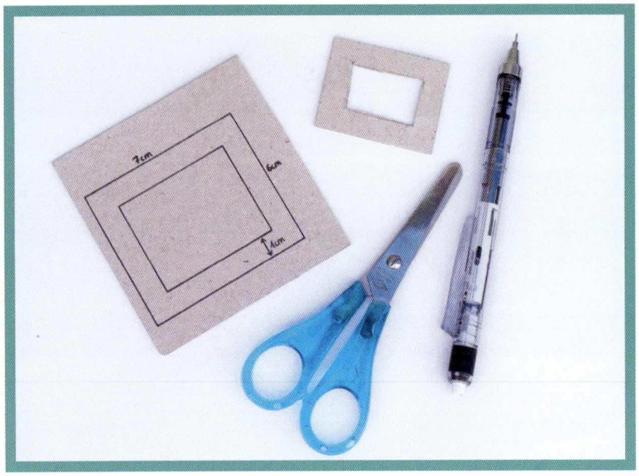

1 Schneide aus der Pappe zunächst zwei Rechtecke aus: Das große mit 7 x 6 cm, das kleine mit 5 x 4 cm. Mit 1 cm Abstand zum Rand schneidest du innen jeweils noch ein Rechteck aus.

2 Die Wolle wird nun um die Mitte gewickelt, indem du das Rechteck quer hältst und eine kleine Lücke an beiden Rändern des Lochs freilässt. Es muss ca. 50-mal umwickelt werden! Die Enden hängen nach dem Abschneiden einfach herunter. Lass ein Ende etwas länger.
Mit einem neuen, 20 cm langen Faden knotest du dann noch alles in der Mitte fest zusammen.

3 An beiden Seiten schneidest du jetzt alle Fäden mit der Schere durch. Die Pappe fällt dabei von selbst ab. Zupfe die Wolle etwas zurecht und schneide sie schön rund. Für einen Schneemann brauchst du einen kleinen und einen großen Pompon, die du mit den beiden unterschiedlich großen Papprechtecken anfertigst.
Zum Schluss werden die Pompons an den langen Fäden aneinandergeknotet.

4 Ein Pfeifenputzer wird nun um den Hals des Schneemanns gewickelt und vorne zusammengedreht. Die Enden hängen herunter. Ein weiterer Pfeifenputzer wird am Ende etwas eingerollt und leicht umgeklappt. Auf der anderen Seite machst du das Gleiche. Dies werden die Ohrenschützer.

5 Die Ohrenschützer setzt du dem Schneemann zum Schluss noch auf, der Schal wird zurechtgeschnitten. Die schwarzen Filzkugeln werden als Augen und Knöpfe aufgeklebt. Als Nase nimmst du eine Kugel, die du etwas spitz zuschneidest.

TIPP

Und das kannst du auch noch aus Pompons machen: zum Beispiel Schneebälle für den Weihnachtsbaum oder als Girlande, lustige Tierköpfe, Deko für Geschenkverpackungen und noch so viel mehr!

11.

WEIHNACHTSSTERN AUS BUTTERBROTTÜTEN

Dieser Stern ist superschnell gemacht. Ein bisschen stempeln, kleben und schneiden – fertig ist dieses Prachtexemplar zum Aufhängen! Du kannst auch hier total kreativ werden. Entweder bei der Auswahl der Farben zum Bestempeln oder später beim Schneiden. So entstehen tolle individuelle Sterne!

MATERIAL & WERKZEUG

Das brauchst du:

- Bleistift mit Radiergummi
- goldene Acrylfarbe
- 8 Butterbrottüten
- Kleberoller
- Schere
- Bäckergarn

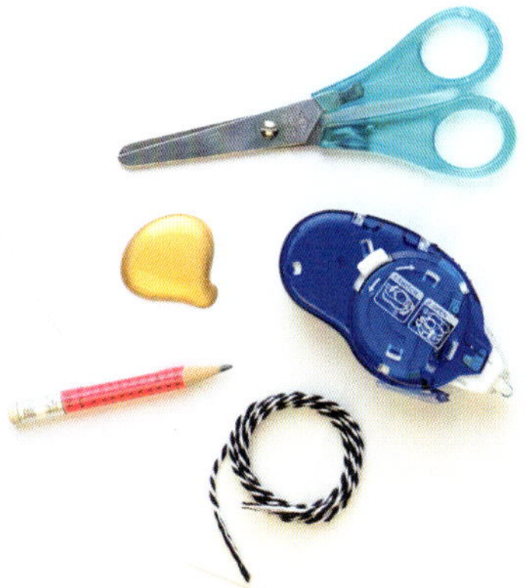

1 Tunke den Radiergummi zunächst vorsichtig in die goldene Farbe. Die Farbe lässt sich später wieder mit Wasser entfernen. Betupfe damit die schmalen Seiten der Butterbrottüten, die normalerweise eingeklappt sind. Je nachdem, wo du den Stern nachher hinhängen möchtest, reicht es, wenn du eine Seite bestempelst. So ist dann nur die Vorderseite des Sterns bedruckt. Die Stempelabdrücke werden ordentlicher, wenn du etwas Festes unterlegst. Lass die Farbe gut trocknen.

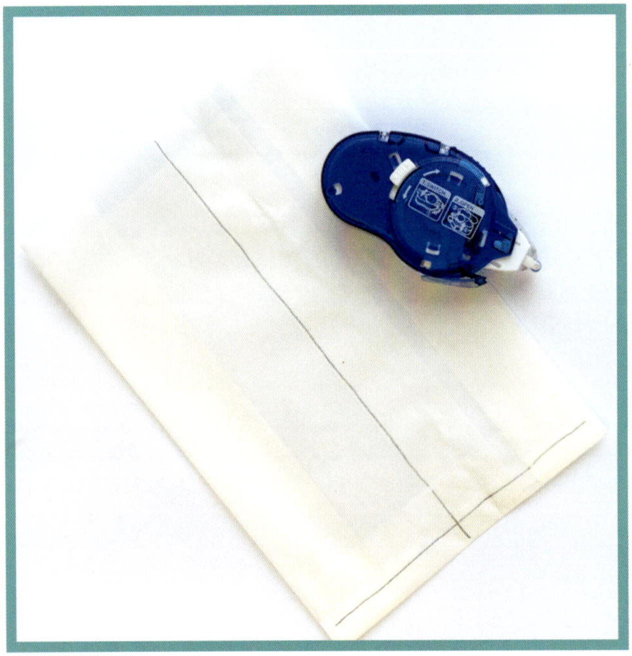

2 Die acht Brottüten werden nun aufeinandergeklebt. Die offene Seite zeigt dabei immer nach oben. Jede Tüte hat eine etwas längere Seite, lege diese nach oben und klebe eine lange Seite darauf. Danach genau umgedreht, sodass die kurzen Seiten aufeinanderliegen. Nach diesem Prinzip klebst du auch alle übrigen Tüten zusammen. Wie auf dem Foto markiert, verteilst du den Kleber wie ein umgedrehtes T auf den Tüten.

3 Mit der Schere schneidest du nun anschließend oben zwei identische Dreiecke ab. Achte darauf, dass die ausgeschnittene Spitze in der Mitte der Tüten ist.

TIPP

Anleitungsschritt 3 kannst du auch verändern. Du schneidest zum Beispiel keine Dreiecke weg, sondern einfach Formen, die du dir vorher überlegt hast. Außerdem kannst du auch mal innen Stücke wegschneiden. Probiere es einfach aus!

4 Auf die äußere Tüte wird nun wieder Kleber gegeben, um die erste Tüte mit der letzen zu verbinden. Der Stern wird dazu aufgefächert. Durch eine Spitze schneidest du mit der Schere ein kleines Loch und knotest ein Stück Bäckergarn zum Aufhängen daran.

12.

PLÄTZCHEN AM STIEL

Weihnachtszeit ist Plätzchenzeit! Aber immer die gleichen Marmeladenkekse sind doch auf die Dauer langweilig, oder? Heute machen wir mal etwas ganz Besonderes, das du dazu auch noch als Tischdeko verwenden oder einfach verschenken kannst.

MATERIAL & WERKZEUG

Das brauchst du:

- Teig für die Plätzchen (Rezept siehe Schritt 1)
- Plätzchenausstecher
- Eisstiele und Papierstrohhalme
- Schokokuvertüre
- Holzspieß oder Zahnstocher
- Smarties, Zuckerperlen, Salzbrezeln o. Ä. zum Verzieren
- Bäckergarn
- Washi Tape
- Schere
- schwarzer Filzstift

FÜR DICH
Ho Ho Ho
X-MAS
X-MAS

1 Wir beginnen mit dem Plätzchenteig. Dazu mischst du 300 g Mehl, 150 g weiche Butter, 100 g Zucker, 2 Eier, ein halbes Päckchen Backpulver und 2 EL Kakao mit dem Handmixer oder einer Küchenmaschine zusammen. Dann packst du den fertigen Teig in Frischhaltefolie ein und legst ihn für 30 Minuten in den Kühlschrank.

2 Der Teig wird nun auf Backpapier oder einer mit Mehl bestäubten Arbeitsplatte etwa 7 mm dick ausgerollt. Stich dann mit den Ausstechern weihnachtliche Figuren aus. Sollte der Teig zu klebrig sein, mische einfach noch etwas Mehl dazu. Jetzt werden unten die Stiele hineingesteckt. Wackle dabei immer etwas hin und her, damit die Figur nicht kaputt geht. Die Strohhalme drückst du vorher am Ende etwas platt. Heize den Ofen währenddessen auf 180 °C vor und backe die Plätzchen anschließend für 10–15 Minuten.

3 Nach einer kurzen Auskühlzeit kannst du deine Plätzchen verzieren. Dazu lässt du Schokokuvertüre im Wasserbad oder in der Mikrowelle flüssig werden. Mit einem Holzspieß oder einem anderen spitzen Gegenstand verteilst du die Schokolade auf den Keksen und klebst damit auch die Smarties und Zuckerperlen an. Hierbei darfst du so richtig kreativ sein! Als Geweihe oder Ohren eignen sich zum Beispiel kleine Brezeln.

4 Zum Schluss bindest du noch Bäckergarn um die Stiele oder du klebst Washi Tape daran fest. Mit einem schwarzen Filzstift kannst du lustige Sachen oder Namen auf das Klebeband schreiben.

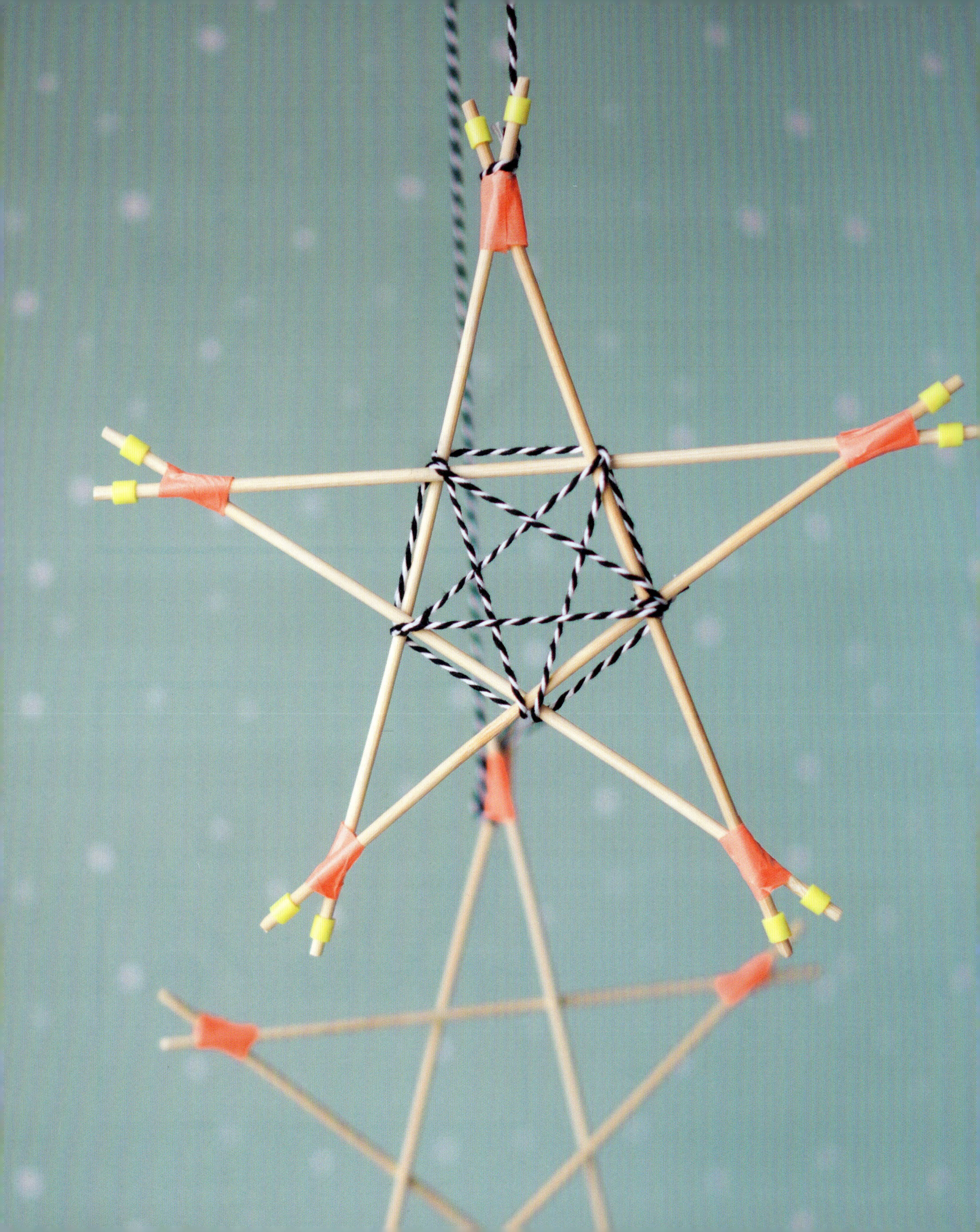

13.

HOLZSPIEẞSTERN MIT KLEBEBAND

Normalerweise kommen Holzspieße eher in der Küche als am Basteltisch zum Einsatz. Doch diese Sterne sind so hübsch, dass man sie einfach ausprobieren muss! Du brauchst dazu eigentlich nur noch Washi Tape. Danach bist du ganz frei, die Sterne nach Lust und Laune zu verschönern.

MATERIAL & WERKZEUG

Das brauchst du:

- 5 Schaschlikspieße
- Schere
- Washi Tape
- wahlweise Bäckergarn, Bügelperlen

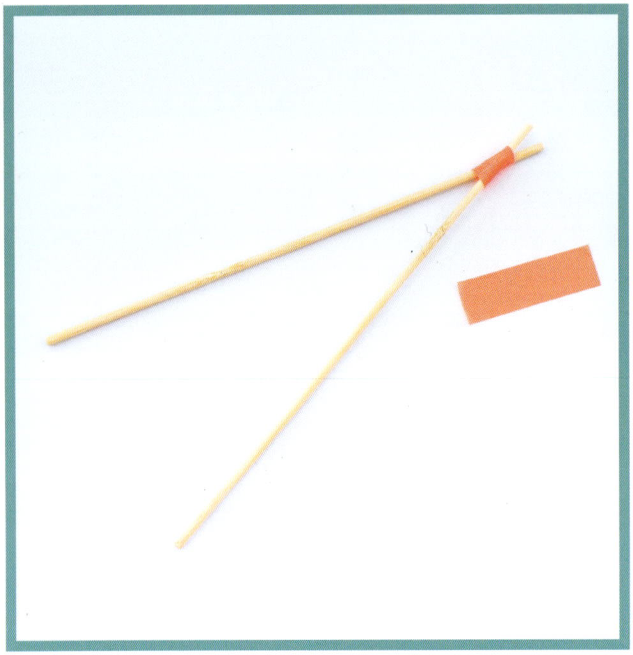

1 Am besten schneidest du zu Beginn mit der Schere erst einmal die Spitzen der Spieße ab, damit sich niemand verletzen kann. Kneife deine Augen dabei etwas zusammen, damit die Spitzen dich nicht verletzen, wenn sie beim Abschneiden wegspringen. Oder lass dir von einem Erwachsenen helfen. Die ersten beiden Stäbe legst du, wie auf dem Foto zu sehen, aufeinander und klebst sie mit einem etwa 3 cm langen Stück Washi Tape zusammen.

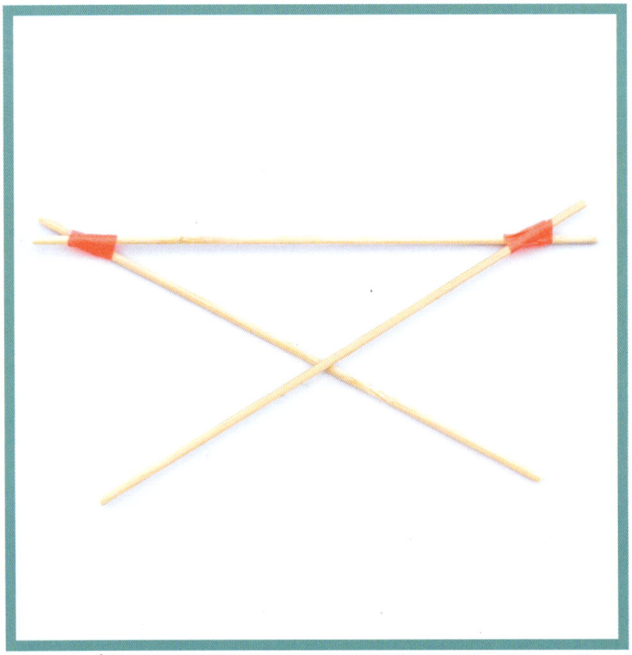

2 Nun kommt der nächste Schaschlikspieß dran. Guck dir auf dem Foto genau an, an welchen Stellen er über und wo er unter dem anderen Spieß liegt. Wieder klebst du die beiden Stäbe mit Washi Tape aneinander.

3 Jetzt ist Schaschlikspieß Nummer vier an der Reihe. Auch dieser wird so, wie du es auf diesem Foto sehen kannst, mit Washi Tape festgeklebt.

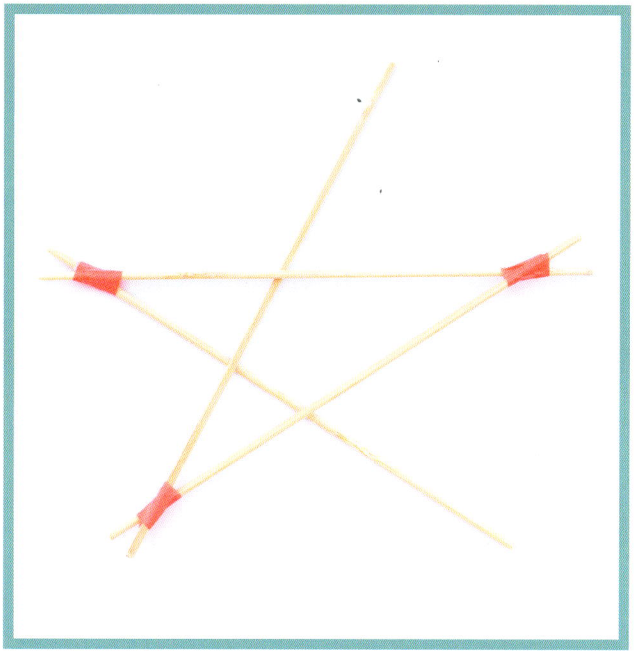

4 Zum Schluss folgt noch der fünfte Spieß. Dieser muss an zwei Stellen geklebt werden. Der Stern ist nun fertig und du kannst ihn noch ein wenig zurechtbiegen. Wenn du magst, kannst du ihn etwas aufhübschen und mit Garn zum Aufhängen versehen. Außerdem kannst du Bügelperlen an die Enden stecken oder mit Bäckergarn ein Muster in den Stern wickeln. Vielleicht fällt dir auch noch etwas ganz anderes ein?

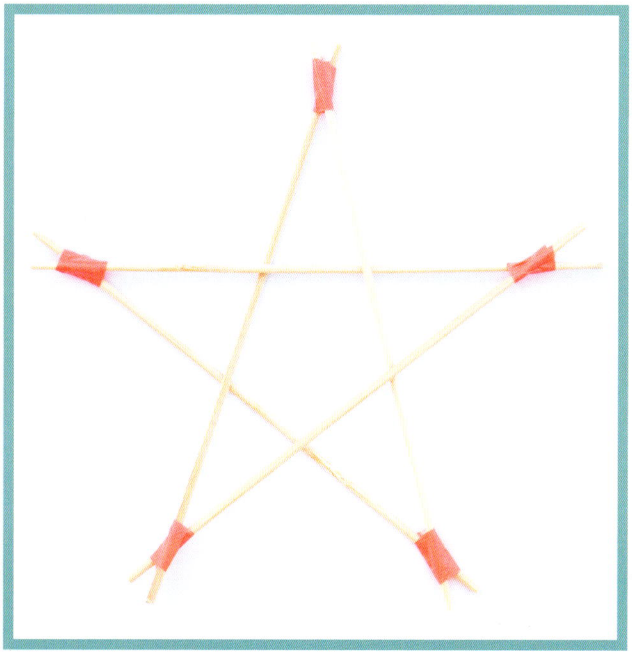

14.

KONFETTI-WEIHNACHTSKARTE

Wir lassen es Konfetti schneien! So kommt ein bisschen Fasching und Kindergeburtstag in die Weihnachtskugel… Wenn das mal keine tolle Karte ist!

MATERIAL & WERKZEUG

Das brauchst du:

- neonfarbene Klebezettel
- Stanzer oder Locher
- Transparentpapier
- Zirkel
- Schere
- Kleberoller
- bunter Bastelkarton, DIN A5
- Bäckergarn
- Bleistift
- schwarzer Fineliner oder Goldstift

MERRY X-MAS
LASS KONFETTI SCHNEIEN

1 Mit dem Stanzer machst du buntes Konfetti aus den Klebezetteln. Versuche mindestens drei Farben zu verwenden, damit es schön bunt wird. Alternativ kannst du natürlich auch einen Locher nehmen.

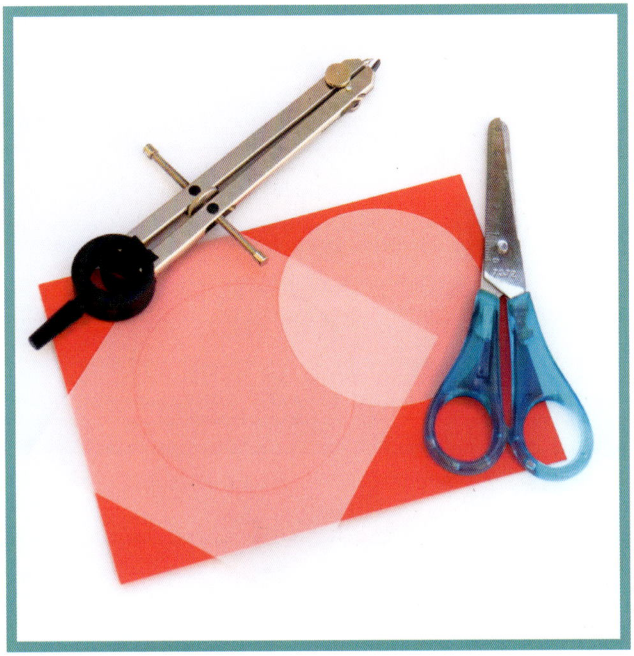

2 Mit dem Zirkel zeichnest du jetzt einen Kreis mit einem Durchmesser von 10 cm auf das Transparentpapier. Diesen schneidest du anschließend mit der Schere aus.

3 Außen um den Kreis herum rollst du anschließend mit dem Kleber entlang. Falte den Bastelkarton in der Mitte, sodass du eine Klappkarte erhältst, mache dann mit dem Konfetti in der Mitte deines Kartons einen Haufen und lege das Transparentpapier darüber. Drücke den Rand gut fest. Das Bäckergarn klebst du danach oben an den Kreis.

4 Nun schreibst du mit Bleistift noch einen netten Spruch unter die Kugel und malst einen Verschluss oben unter das Garn. Mit einem Fineliner oder Goldstift zeichnest du den Schriftzug nach.

FÜR
DICH
B 13.4
A 4.4
FROHE
WEIHNACHTEN

15.

GESCHENKVERPACKUNG AUS FARBKARTEN

Nachdem du vielleicht schon einige tolle Geschenke gebastelt und gebacken hast, sollen diese auch besonders hübsch eingepackt werden! Dazu eignen sich Farbkarten aus dem Baumarkt, die man kostenlos mitnehmen darf.

MATERIAL & WERKZEUG

Das brauchst du:

- rote und grüne Farbkarten
- Schere
- 2-Euro-Stück
- Bleistift
- Packpapier
- Klebeband
- Kleber
- schwarzer Fineliner
- kleine Filzkugeln
- Bäckergarn

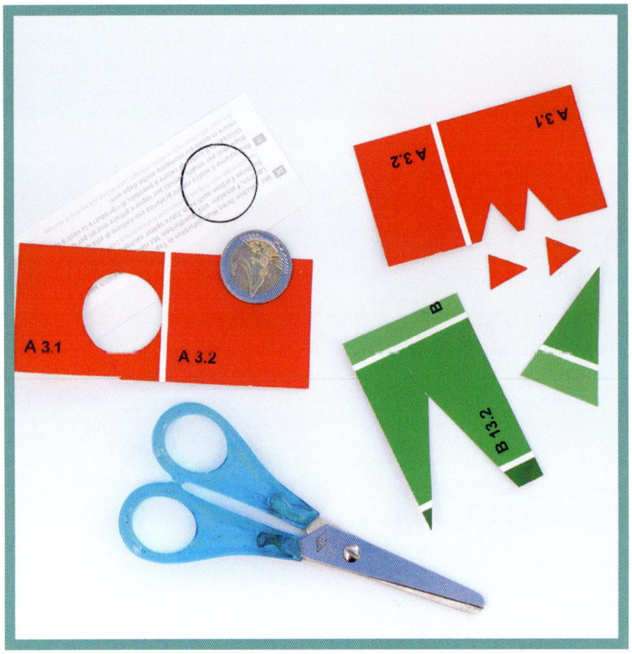

1 Du schneidest zuerst alle Teile aus deinen Farbkarten aus: Drei etwa 2–3 cm hohe Dreiecke als Tannenbäume aus den grünen Karten. Auf die Rückseite der roten Farbkarte legst du die 2-Euro-Münze und zeichnest sie mit einem Bleistift nach. Achte darauf, dass die Beschriftung der Farbkarte auf den ausgeschnittenen Stücken nicht zu sehen ist. Schneide so insgesamt drei Kreise in unterschiedlichen Rottönen aus. Für die Minigirlande brauchst du ganz kleine Dreiecke aus der roten Farbkarte.

2 Wickle deine Geschenke nun in das Packpapier ein. Das erste Päckchen beklebst du mit den drei Tannenbäumchen, male unten noch jeweils einen Stamm mit Fineliner auf und verziere die Bäume mit bunten Filzkugeln. Weiße Filzkugeln kannst du als Schnee aufkleben.

3 Für Geschenk Nummer zwei klebst du zuerst die drei Kreise auf. Dann malst du oben einen Verschluss auf und einen geraden Strich, der bis zum Rand reicht. Auf diesen klebst du das Bäckergarn. Mit dem schwarzen Fineliner kannst du noch einen Text dazuschreiben oder die Kugeln verzieren.

4 Für kleinere Geschenke eignet sich die Mini-Girlande. Du malst mit dem Bleistift zuerst eine Schnur auf, an die du die kleinen Dreiecke klebst. Anschließend wird das Bäckergarn aufgeklebt. Auch hier kannst du einen eigenen Text unter die Girlande schreiben, zum Beispiel für wen das Päckchen bestimmt ist.

16.

WINTERWELT IM SCHUHKARTON

Mein Sohn und ich lieben es, mit Kartons zu basteln. Du auch? Heute kannst du gleich eine ganze Winterwelt bauen. Du bekommst ein paar Vorschläge, wie das später aussehen kann, aber natürlich darfst du auch ganz kreativ sein und dir noch mehr dazu ausdenken.

MATERIAL & WERKZEUG

Das brauchst du:

- ein Karton, zum Beispiel ein Schuhkarton, DIN A4
- Geschenkpapier
- Schere
- Kleber
- Butterbrotpapier oder ein anderes dünnes, weißes Papier
- etwas dickere Pappe
- Bleistift
- Acrylfarbe
- Pinsel
- Bäckergarn
- Nadel
- Watte

1 Zuerst verpackst du den Karton in Geschenkpapier. Die Unter- und Rückseiten brauchst du nicht einzupacken, da man sie nicht sehen wird. Entweder du misst mit einem Lineal die Längen aus oder du legst das Papier über den Karton und schneidest einfach ab, was übersteht. Dann klebst du das Geschenkpapier an allen Seiten fest.

2 Auf den Seiten 108 und 109 findest du die Vorlagen für ein Rentier und einen Tannenbaum. Pause alle Teile auf Butterbrotpapier oder ein anderes weißes Papier ab, schneide sie aus und lege sie auf die dickere Pappe. Ziehe dann mit Bleistift die Umrisse nach und schneide die Motive aus der Pappe aus. Das Bäumchen schneidest du am besten gleich 2-mal aus.

3 Die ausgeschnittenen Pappestücke werden nun angemalt und nach dem Trocknen ineinandergesteckt. Dafür nutzt du die eingeschnittenen Stellen.

4 Das Gleiche machst du mit dem kleinen Stern, den du ebenfalls bei den Vorlagen auf Seite 108 findest. Diesen benötigst du 4-mal. Alle Sterne werden angemalt und nach dem Trocknen mit Bäckergarn und einer Nadel durchstochen. Das andere Ende stichst du oben durch den Karton, um die Sterne mit einem Knoten an der Decke zu befestigen. Du kannst deinen Karton nun dekorieren! Unten etwas Watte als Schnee, dann folgen deine Pappfiguren. Außerdem kannst du Gesichter oder Dekoration dazumalen. Vielleicht hast du auch noch ein paar weihnachtliche Tiere, die du dazustellen möchtest?

DU
BIST
MEIN
STERN
FROHES FEST
X-MAS
HO HO HO
LET IT SNOW

17.

Bunte Baumanhänger aus Modelliermasse

Na klar, Weihnachtskugeln müssen sein! Und gerne darf es hierbei ein bisschen individueller sein – denn, was gibt es Schöneres als selbst gemachten Baumschmuck. Alternativ kannst du die Anhänger auch mit Namen versehen und als Tischschmuck nutzen oder Geschenke damit verschönern.

Material & Werkzeug

Das brauchst du:

- lufttrocknende Modelliermasse
- ein Glas
- Plätzchenausstecher
- Bleistift
- Bäckergarn
- Schere
- Eisstiele
- Eier- oder Wasserfarben
- schwarzer Fineliner

1 Rolle die Modelliermasse etwa 5 mm dick mit einem Glas aus. Stich mehrere Figuren aus und mache mit einem Bleistift oder einem anderen spitzen Gegenstand oben ein kleines Loch hinein. Lass alles über Nacht hart werden.

2 Am nächsten Tag ziehst du das Garn durch die Löcher und bindest es oben zu, sodass man die Anhänger aufhängen kann. Mache das Garn genau so lang, dass es etwas über dem Boden bleibt, wenn du es am Eisstiel in das Glas hängst.

3 Löse die Eierfarben nach Packungsanweisung auf oder mische mit einem Pinsel Wasserfarben mit viel Flüssigkeit an. Hänge die Figuren etwa bis zur Hälfte in die Farbe und hole sie nach ein paar Minuten wieder heraus. Warte nicht zu lange, sonst löst sich die Modelliermasse etwas auf.

4 Nach ein paar Stunden sind die Farben getrocknet und du kannst dir überlegen, was du daraufschreiben möchtest. Zeichne mit dem Bleistift vor und drücke nicht zu sehr auf. Wenn dir die Aufschrift gefällt, zeichne sie mit dem Fineliner nach.

18.

SCHOKOSTERNE IM GLAS

Hier kommt die perfekte Geschenkidee! Über Schokolade freut sich (fast) jeder und wir packen das Ganze auch noch besonders kreativ ein. Das Tolle ist, dass das Glas, wenn es leer ist, auch als Teelichthalter benutzt werden kann.

MATERIAL & WERKZEUG

Das brauchst du:

- Schokolade
- Metallschüssel
- Silikonform
- Streusel
- schwarze Klebefolie
- Fineliner
- Schere
- ein leeres Glas, zum Beispiel Babybrei- oder Marmeladenglas
- Silberfolie
- Bäckergarn

1 Vielleicht hast du ja noch ein paar Schoko-Nikoläuse übrig? Wenn nicht, dann kannst du auch eine Tafel Schokolade kaufen. Du zerbröckelst die Schokolade zunächst in einer Schüssel und erhitzt sie anschließend im Wasserbad. Lass dir dabei am besten von einem Erwachsenen helfen. Wenn die Schokolade geschmolzen ist, füllst du sie in die Silikonform und verteilst die Streusel darauf. Bewahre die Schokolade nun bis zum Tag des Verschenkens im Kühlschrank auf, damit sie nicht schmilzt.

2 Auf die Rückseite der Klebefolie malst du jetzt weihnachtliche Figuren: zum Beispiel Häuser, Bäume, Tiere, einen Mond und Sterne. Schneide dann alles aus.

3 Jetzt kommt das Glas zum Einsatz. Ziehe das Papier von der Folie, klebe die ausgeschnittenen Figuren nebeneinander auf das Glas und drücke sie gut fest.

4 Das Glas wird nun mit den Schokosternen gefüllt und mit der Silberfolie bedeckt. Schneide dazu ein Quadrat aus der Folie aus, das an allen Seiten 1 cm übersteht. Mit dem Bäckergarn bindest du es oben fest.

1x
KUSCHELN

19.

RUBBEL-GUTSCHEINE IN DER KUGEL

Was schenkt man bloß, wenn man keine Idee hat? Na klar, Gutscheine gehen doch immer! Bei dir müssen sie sogar noch freigerubbelt werden. Das Ganze verpackst du dann in einer Acrylkugel, die lässt sich sogar an den Weihnachtsbaum hängen.

MATERIAL & WERKZEUG

Das brauchst du:

- weißer, nicht zu dicker Bastelkarton
- Schere oder ein Stanzer
- schwarzer Filzstift
- durchsichtiges Paketklebeband
- Acrylfarben
- Mischpalette
- Spülmittel
- Pinsel
- Bäckergarn
- Acrylkugel, Ø 8–10 cm
- wahlweise bunte Bügelperlen

1 Aus dem Bastelkarton schneidest du vorher aufgezeichnete Formen aus (zum Beispiel ein Herz, Sterne oder einen Tannenbaum) oder du benutzt dafür einen Stanzer. Die ausgeschnittenen Teile sollten etwa 3 cm groß sein. Mit einem dünnen Filzstift schreibst du deine Gutscheinideen darauf. Falls du noch nicht schreiben kannst, erledigt das bestimmt ein Erwachsener für dich oder du malst die Sachen auf! Hier sind einige Beispiele: Massage, Brunch/Frühstück, Putzen/Aufräumen, Einkaufen gehen, Kino/Theater …

2 Über die Schrift klebst du anschließend das Klebeband und schneidest es zurecht, sodass es zwar alles abdeckt, aber nicht übersteht. Die Acrylfarben werden mit Spülmittel vermischt, verwende hierfür doppelt so viel Farbe wie Spülmittel. Anschließend werden die Gutscheinvorderseiten damit bemalt. Das Ganze muss sehr gut trocknen, am besten über Nacht.

3 Damit die Acrylkugel später nicht so nackig aussieht, bastelst du noch zwei Quasten. Dazu nimmst du dir ein Stück Bastelkarton mit einer Breite von 3 cm und wickelst das Bäckergarn 30-mal darum. Das Ende wird abgeschnitten. Eine weitere, etwa 25 cm lange Schnur ziehst du oben durch die entstandene Schlaufe, knotest sie gut fest und entfernst den Karton. Etwa einen halben Zentimeter darunter wird ein Stück Garn zweimal um die Fäden gewickelt und ebenfalls festgeknotet. Jetzt musst du unten nur noch die Schlaufen durchschneiden und deine erste Quaste ist fertig. Mache im Anschluss gleich noch eine weitere.

4 In die Acrylkugel kommen nun die getrockneten Gutscheine. Wenn es noch etwas leer aussieht, kannst du zum Beispiel ein paar farblich passende Bügelperlen einfüllen. Die beiden Hälften werden verschlossen und oben die beiden Quasten durchgezogen und verknotet.

20.

ANHÄNGER AUS KLOPAPIERROLLEN

Wusstest du, dass man unglaublich viele tolle Sachen aus Klopapierrollen machen kann? Zum Beispiel weihnachtliche Anhänger für den Tannenbaum. Also schmeiße die Rollen das nächste Mal nicht weg, sondern hebe sie gut auf.

MATERIAL & WERKZEUG

Das brauchst du:

- 3 Klopapierrollen
- Schere
- Kleber
- Wäscheklammern
- Acrylfarben
- Pinsel
- dicke Nadel
- Bäckergarn
- Holzperlen

1 Zerschneide zunächst alle drei Klopapierrollen in jeweils sechs gleich große Teile.

2 Der eine **Stern** besteht aus acht, der andere aus fünf Teilen. Klebe an den unteren Enden der Teile eine Ecke an die andere und befestige dort eine Klammer zum Trocknen. So fährst du fort, bis alle Teile verbunden sind. Der **kleine runde Anhänger** besteht aus drei Stücken, die ineinandergeschoben und in der Mitte festgeklebt werden. Für den **Tannenbaum** wird ein Teil ganz gelassen, die anderen zerschnitten: Die Spitze und der Stamm bestehen aus jeweils einer Ecke, die beiden Mittelteile werden nach oben hin kleiner. An den Enden klebst du alle Baumteile aneinander.

3 Nun darfst du deine Anhänger mit den Acrylfarben nach Lust und Laune bunt anmalen. Mische ein kleines bisschen Weiß hinein, dann decken sie das Grau der Rollen besser ab. Lass alles gut trocknen.

4 Mit der Nadel und dem Bäckergarn stichst du zum Schluss ein Loch oben in die Anhänger und fädelst die Perlen auf. Direkt über der letzten Perle machst du einen Knoten, damit sie nicht wieder herausrutschen können. Die restlichen Perlen klebst du einfach auf.

FRÖHLICHE
WEIHNACHTEN
HO
HO

21.

WEIHNACHTSKARTEN MIT BÜGELPERLEN

Karten werden leider immer weniger verschickt oder verschenkt, weshalb du mit dieser Bastelidee jemandem eine außerordentliche Freude bereiten wirst. Wir peppen die Karten mit Bügelperlen auf, das macht sie zu etwas doppelt Besonderem.

MATERIAL & WERKZEUG

Das brauchst du:

- Bügelperlenplatte in Sternform
- rote, grüne, hellbraune, weiße und gelbe Bügelperlen
- Bügeleisen
- Backpapier
- dünner roter, beiger und schwarzer Bastelkarton, DIN A5
- Kleber
- Bleistift
- schwarzer Fineliner
- Goldstift
- wahlweise Bäckergarn, Schere

1 Stecke das Auto mit der sternförmigen Bügelperlenplatte wie auf dem Foto nach. Lege Backpapier darauf und bügle mit dem Bügeleisen auf mittlerer Stufe etwa 10 Sekunden über die Perlen. 1 Minute abkühlen lassen und umdrehen. Bügle auch hier mit Backpapier ganz kurz darüber. Den Weihnachtsbaum und die kleinen Tannen legst du auch in den Stern und bügelst sie fest.

2 Die Bastelkartons werden einmal genau in der Mitte geknickt, sodass eine Klappkarte entsteht. Klebe die Bügelperlenformen auf die einzelnen Karten auf und lass alles gut trocknen.

3 Jetzt wird die Karte noch beschriftet: Unter das Auto schreibst du mit Bleistift einen netten Spruch und malst ihn mit dem schwarzen Fineliner nach.

4 Nun ist die schwarze Karte an der Reihe. Zunächst malst du mit dem Goldstift Stämme unter die Tannen und danach noch drei Berge darunter.

5 Über dem Tannenbaum auf dem roten Karton darfst du ebenfalls kreativ werden. Wenn du möchtest, knotest du zum Schluss noch Bäckergarn in die Falz des Kartons.

22.

WICHTEL AUS BETON

Normalerweise findet man Beton auf der Baustelle, doch wusstest du, dass man damit auch tolle Sachen basteln kann? Bitte lass dir von einem Erwachsenen helfen, wenn du richtigen Beton verwendest. Oder benutze einfach Kreativbeton. Und schon geht's los!

MATERIAL & WERKZEUG

Das brauchst du:

- 1 Joghurtbecher
- Beton, am besten Kreativbeton
- Schere
- roter Filz
- Kleber
- Bäckergarn
- hautfarbene Filzkugel
- Watte
- schwarzer Filzstift

1 Fülle den Beton in den leeren und ausgespülten Joghurtbecher exakt bis zum Rand. Mische ihn genau nach der Packungsanleitung an, sonst wird er nicht richtig trocken und bricht. Klopfe ganz leicht gegen die Becher, damit die Luftblasen verschwinden. Das Ganze lässt du über Nacht hart werden.

2 Wenn der Beton vollständig getrocknet ist, schneidest du die Becher ganz vorsichtig mit der Schere an vier Stellen ein und ziehst das Plastik einfach ab.

SCHON GEWUSST?

Beton kann man super in alle Silikonformen gießen, zum Beispiel in Muffinförmchen. Wenn du dann im noch nassen Zustand ein Teelicht leicht hineindrückst, erhältst du einen tollen Kerzenhalter.

3 Schneide dir nun ein Stück Filz zurecht. Achte darauf, dass es von der Länge her einmal um den Wichtelkopf passt und am Ende etwas überlappt. Die Höhe der Mütze kannst du selbst festlegen. Je spitzer deine Mütze sein soll, desto höher muss der Filz sein. Klebe den Filz an seinem unteren Ende an den Beton und knote Bäckergarn darum.

4 Nun braucht dein Wichtel nur noch ein Gesicht. Klebe die hautfarbene Kugel in die Mitte als Nase und etwas Watte darunter. Zwirbele die Watte unten zusammen. Zum Schluss malst du mit dem Filzstift noch zwei Augen auf.

23.

WEIHNACHTSBAUM AUS KLEBEBAND

Klebeband ist supervielseitig! Diese kleinen Bäumchen eignen sich wunderbar als Dekoration oder als Geschenkidee. Vielleicht kannst du auch eine kleine Überraschung in das Bäumchen legen und es unten mit einem runden Stück Pappe und Klebeband verschließen.

MATERIAL & WERKZEUG

Das brauchst du:

- Pappbecher
- Schere
- festes Klebeband, 5 cm breit
- dicke Pappe
- Filz- oder Zuckerkugeln zum Verzieren
- Kleber

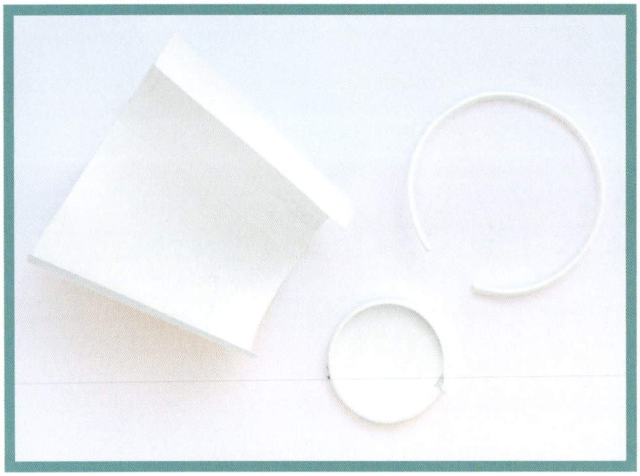

1 Zuerst zerschneidest du den Pappbecher. Wie auf dem Foto zu sehen, schneidest du unten den Boden und oben den dicken Rand ab. Schneide dann noch einmal quer durch den Becher, sodass man ihn aufklappen kann.

2 Dieses Stück drehst du jetzt so ineinander, dass es eine Kegelform bekommt. Befestige das Ganze gut mit Klebeband. Unten muss die Pappe nun noch gerade geschnitten werden, damit der Baum später auch gut steht.

3 Jetzt sind die Dreiecke an der Reihe, die nachher die Blätter des Baums bilden. Davon brauchst du sehr viele. Schneide dir als Muster zuerst ein Stück Pappe als Rechteck mit 6 x 5cm zurecht. In dieser Größe schneidest du nun die Klebebandstücke ab. Wie auf dem Foto klappst du einen Teil nach oben, sodass etwa 1cm Klebeband stehenbleibt. Zerteile das Stück in der Mitte und schneide die Reste zu Dreiecken.

4 Den unteren Rand deines Baums beklebst du mit einfachen Klebebandstreifen. Danach setzt du, von unten beginnend, ein Dreieck nach dem anderen nebeneinander auf den Pappbecher, bis eine Reihe voll ist. Dann beginnst du versetzt zwischen zwei Dreiecken mit der nächsten Reihe – so lange, bis du bei der Spitze angekommen bist.

5 Wenn dein Bäumchen fertig ist, kann es noch ein bisschen Deko gebrauchen. Lege den Baum hin und klebe deine Kugeln darauf. Warte immer ein wenig, bis du den Baum weiterdrehst, damit sie nicht wieder abfallen. Am Ende kommt noch eine Kugel auf die Spitze.

6 Statt den Baum einfarbig zu machen, kannst du auch zwei oder sogar mehr Farben verwenden. Goldene Zuckerkugeln sehen besonders schön aus.

24.

BESPRENKELTER 3D-STERN

Bei diesem Projekt darfst du eine kleine Sauerei machen! Du spritzt mit dem Pinsel nämlich alles voll, das gibt ein tolles Muster. Und dann klebst du mehrere Sterne so aneinander, dass ein 3D-Effekt entsteht. Das heißt, die Figur liegt nicht platt am Boden, sondern geht in den Raum hinein.

MATERIAL & WERKZEUG

Das brauchst du:

- weißer, dünner Bastelkarton
- schwarze und goldene Farbe
- Mischpalette
- Pinsel
- Bleistift
- Schere
- Kleber
- Bäckergarn

1 Lege am besten Zeitungspapier unter deinen weißen Karton, damit du nichts mit der Farbe beschmierst. Fülle die Farbe nun in die Mischpalette und gib etwa genauso viel Wasser dazu. Rühre mit dem Pinsel gut um und teste die Farbe vorab an einem Stück Papier. Tauche den Pinsel nun in das Farbwasser und tippe den Pinsel mehrere Male an, sodass kleine Farbkleckse entstehen. Klappt das gut, kannst du den Karton erst mit der schwarzen und dann mit der goldenen Farbe besprenkeln. Lass das Ganze gut trocknen. Natürlich kannst du dafür auch buntere Farben nehmen.

2 Zeichne jetzt mit Bleistift entweder einen Stern auf dem Karton vor oder drucke dir einen aus. Du kannst auch die Sternvorlage auf Seite 109 verwenden. Die Größe der Vorlage ist dabei egal. Der Stern auf dem Foto hat etwa eine Höhe von 10 cm. Wichtig ist aber, dass er symmetrisch ist. Das heißt, dass beide Teile identisch aufeinanderliegen, wenn man den Stern in der Mitte knickt. Mit dieser Vorlage zeichnest du auf die Rückseite deiner Farbkleckse sechs Sterne und schneidest sie anschließend aus.

3 Anschließend knickst du die Sterne symmetrisch genau in der Mitte, sodass die schöne Seite innen ist. Immer zwei Hälften werden jetzt mit den Rückseiten zusammengeklebt, bis am Ende alle sechs Sterne verbraucht sind.

4 Jetzt fehlt nur noch das Bäckergarn. Du kannst es oben durch ein kleines Loch ziehen, das du mit dem Bleistift hineingestochen hast, oder du ziehst den Kleber an dieser Stelle ein bisschen auseinander und fädelst das Garn dort ein.

FROHE WEIHNACHTEN!

VORLAGEN

PROJEKT 6

Seite 32

PROJEKT 7 UND PROJEKT 16

Seite 36 und Seite 72

PROJEKT 16

Seite 72

PROJEKT 16

Seite 72

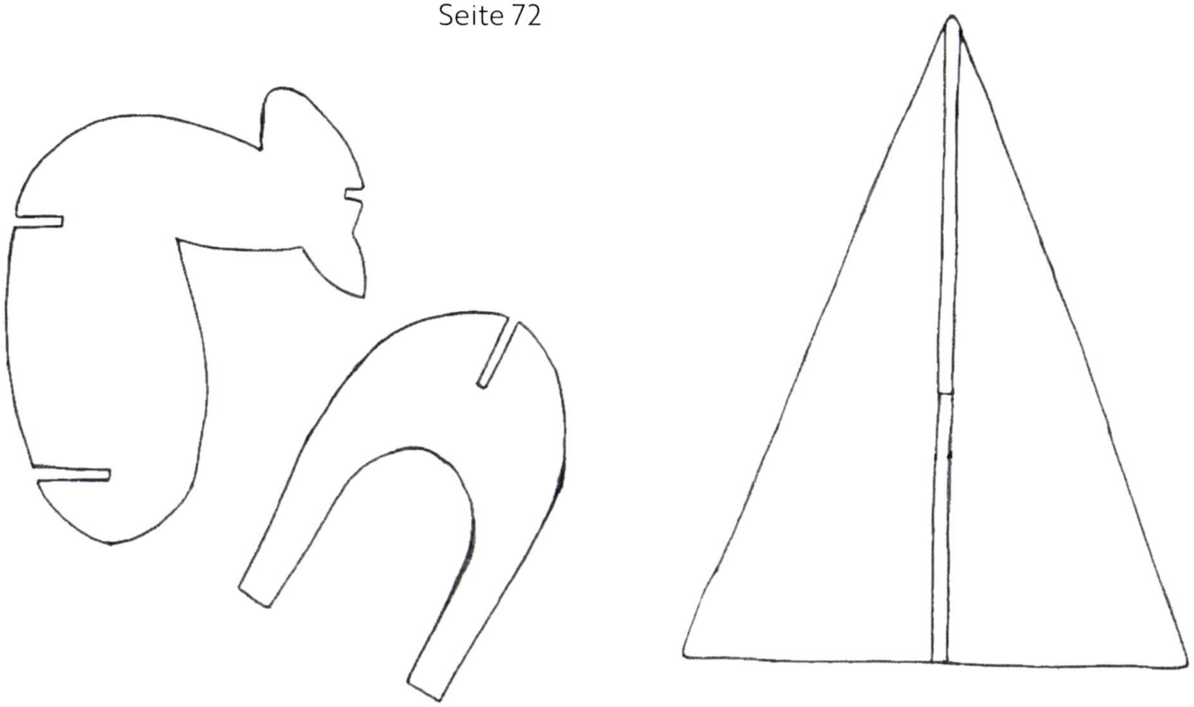

PROJEKT 24

Seite 104

ÜBER DIE AUTORIN

Stefanie Möller arbeitet als Gymnasiallehrerin, ihre Leidenschaft für das Basteln und Nähen lebt sie auf ihrem Blog „Cuchikind" aus. Sie wohnt mit ihrem Mann und zwei Söhnen in Frankfurt am Main. Wer auf ihrem Blog stöbert, wird ihre Begeisterung für das Kaninchen Miffy, Bügelperlen und die Farbe Mint entdecken!

Mehr unter **www.cuchikind.de**

DANKE

Sich bei den Menschen zu bedanken, ohne die dieses Buch nie entstanden wäre, ist mir sehr wichtig. Zuallererst ist da mein Mann. Der ertragen hat, dass das halbe Babyzimmer mit Dekokram und Fotohintergründen zugestellt war, der mir mit den perfekten Kameraeinstellungen geholfen hat und mit den Jungs auch mal ohne mich vor die Tür gegangen ist.

Dann geht mein Dank an meine Kinder, die mich dazu animiert haben, einen Blog zu starten und Bastelideen zu teilen. Vor allem Finn, der wie ich so großen Spaß am Basteln hat, der mir Tipps gab und bei dem einen oder anderen Foto mitgeholfen hat. Und Ben, der sich so gut selbst beschäftigt hat, während ich in der Küche mit der Kamera hantiert habe. Ich danke Charlotte vom EMF-Verlag, dass sie das Vertrauen in mich gesetzt hat und mir so tatkräftig zur Seite stand. Außerdem Rico Design und NOCH kreativ, die mich großzügig mit Bügelperlen und Kunstschnee ausgestattet haben.

Und ein großes Danke an alle Leser meines Blogs *Cuchikind*, die mir so positive Rückmeldungen geben und mich motivieren weitzubasteln.

BUCHTIPPS FÜR DICH!

MEIN KRITZEL-KRATZEL-MALBUCH – WEIHNACHTEN
Mit Rätselspielen und Ausmalbildern

€ 11,99 (D), € 12,40 (A)
ISBN 978-3-960**93-088**-4

MEIN MEGA-MITMACH-BUCH WEIHNACHTEN
Über 60 x Rätseln, Basteln und Ausmalen!
Mit allen Bastelpapieren und Vorlagen

€ 9,99 (D), € 10,30 (A)
ISBN 978-3-960**93-106**-5

MAL MIT! MANDALA – WEIHNACHTEN
40 bunte Ausmalseiten mit farbigen Vorlagen

€ 5,99 (D), € 6,20 (A)
ISBN 978-3-960**93-053**-2

DAS KINDERKUNST-KREATIVBUCH – WINTER UND WEIHNACHTEN

€ 19,99 (D), € 20,60 (A)
ISBN 978-3-863**55-790**-4